BEI GRIN MACHT SICH IHR WISSEN BEZAHLT

- Wir veröffentlichen Ihre Hausarbeit, Bachelor- und Masterarbeit

- Ihr eigenes eBook und Buch - weltweit in allen wichtigen Shops

- Verdienen Sie an jedem Verkauf

Jetzt bei www.GRIN.com hochladen und kostenlos publizieren

Bibliografische Information der Deutschen Nationalbibliothek:

Die Deutsche Bibliothek verzeichnet diese Publikation in der Deutschen National-
bibliografie; detaillierte bibliografische Daten sind im Internet über http://dnb.d-
nb.de/ abrufbar.

Impressum:

Copyright © 2011 GRIN Verlag
Druck und Bindung: Books on Demand GmbH, Norderstedt Germany
ISBN: 9783640978380

Dieses Buch bei GRIN:

https://www.grin.com/document/176469

Florian Klink

Einführung in den Datenschutz im Rahmen von Data Mining

GRIN Verlag

GRIN - Your knowledge has value

Der GRIN Verlag publiziert seit 1998 wissenschaftliche Arbeiten von Studenten, Hochschullehrern und anderen Akademikern als eBook und gedrucktes Buch. Die Verlagswebsite www.grin.com ist die ideale Plattform zur Veröffentlichung von Hausarbeiten, Abschlussarbeiten, wissenschaftlichen Aufsätzen, Dissertationen und Fachbüchern.

Besuchen Sie uns im Internet:

http://www.grin.com/

http://www.facebook.com/grincom

http://www.twitter.com/grin_com

Studienarbeit

Einführung in den Datenschutz im Rahmen von

Data Minig

Autor:　　　　　　**Florian Klink**

Ort, Abgabetermin:　　**Nürnberg, den 14. Januar 2011**

Inhaltsverzeichnis

Abkürzungsverzeichnis

AG   Aktiengesellschaft

AGB   Allgemeine Geschäftsbedingungen

BDSG   Bundesdatenschutzgesetz

CRM   Customer Relationship Management

ERP   Enterprise Resource Planning

GmbH   Gesellschaft mit beschränkter Haftung

HGB   Handelsgesetzbuch

IT   Informationstechnologie

1 Einleitung

„Mit der ständigen zunehmenden Leistungsfähigkeit der in Wirtschaft und Verwaltung einge-
setzten Informations- und Telekommunikationstechnik wächst die Menge der automatisiert
gespeicherten *personenbezogenen Daten* unaufhaltsam" (Schulz, Waldenspuhl, &
Hermerschmidt, 2002). Diesen Datenbestand möchten Unternehmen und Firmen effektiver
nutzen. Um die Privatsphäre des Einzelnen durch die Nutzung nicht zu verletzen, stellt das
Bundesdatenschutzgesetz Richtlinien für den Umgang mit personenbezogenen Daten auf.

Mittels eines Data Warehouse können Daten aus den Datenbeständen in verschiedenen Be-
trachtungswinkeln dargestellt werden. Weiter können auch Zusammenhänge aus der Gesamt-
heit ermittelt werden, die nicht auf den ersten Blick ersichtlich sind. Dies geschieht mittels
Data Mining-Verfahren[1]. Das BDSG selbst kennt keine Unterscheidung zwischen Data Mining und Data Warehouse oder anderen Verfahren bzw. Methoden. Es regelt nur die Erhebung und Verwendung bzw. Übermittlung von personenbezogenen Daten und stellt daten-
schutzrechtliche Grundregeln auf.

Um Data Mining im Einklang mit dem BDSG zu bringen, versuchen Unternehmen und öffentliche Stellen mittels spezieller Methoden und Verfahren dies zu betreiben. Damit dies
möglich wird, werden die Daten pseudonymisiert bzw. anonymisiert. Für eine klare Recht-
sprechung wurden die beiden Begriffe im Gesetz definiert. Paragraph 3 im Absatz 6 definiert
die Anonymisierung wie folgt: „Anonymisieren ist das Verändern personenbezogener Daten
derart, dass die Einzelangaben über persönliche oder sachliche Verhältnisse nicht mehr [...]
einer bestimmbaren natürlichen Person zugeordnet werden können" (Bundesministerium der
Justiz, 2009, S. 4f). In Absatz 6a des gleichen Paragraphen wird die Pseudonymisierung fol-
gendermaßen definiert: „Pseudonymisieren ist das Ersetzen des Namen und anderer Identifi-
kationsmerkmale durch ein Kennzeichen zu dem Zweck, die Bestimmung des Betroffenen
auszuschließen oder wesentlich zu erschweren" (Bundesministerium der Justiz, 2009, S. 5).

Da die Regelungen des BDSG nicht für alle Belange ausreichend sind, gibt es zahlreiche da-
tenschutzrechtliche Spezialregelungen in anderen Gesetzen. Aufgrund dessen ist das BDSG
nachranging, d.h. andere Gesetze hebeln das BDSG in bestimmten Fällen aus.

---

[1] Data Mining ist das Entdecken neuer Zusammenhänge, Muster und Trends in großen Datenmengen
durch verschiedene statistische und mathematische Verfahren.

2   Einführung in den Datenschutz

Allgemeines Ziel dieses Kapitels ist es, eine Einführung und einen Überblick in den Deutschen Datenschutz anhand des Bundesdatenschutzgesetzes (BDSG) zu vermitteln. Im weiteren Verlauf dieses Kapitels, werden relevante Auszüge aus dem Gesetz betrachtet und näher erläutert.

Die Regelungen des Bundesdatenschutzgesetzes gelten für öffentliche sowie nicht-öffentliche Stellen, d.h. sie finden Anwendung bei Behörden und Privatunternehmen. Resultierend daraus wurde das BDSG in verschiedene Abschnitte eingeteilt. Das BDSG unterscheidet im Bereich der Datenverarbeitung zwischen öffentlichen Stellen und nicht–öffentlichen Stellen sowie öffentlich-rechtlicher Wettbewerbsunternehmen. Ersichtlich wird dies im Inhaltsverzeichnis, da hier die Paragraphen 12 bis 26 (Abschnitt zwei) speziell die Datenverarbeitung der öffentlichen Stellen regeln, die Paragraphen 27 bis 38a (Abschnitt drei) regeln analog dazu die nicht-öffentlichen Stellen. Alle anderen Abschnitte **Allgemeine und gemeinsame Bestimmungen, Sondervorschriften, Schlussvorschriften und Übergangsvorschriften** gelten für beide Bereiche gleich.

Zu Beginn dieser Ausarbeitung werden **wichtige Begrifflichkeiten** (2.1) aus dem BDSG aufgeführt, die im weiteren Verlauf dieser Arbeit noch relevant sind. Nachfolgend werden die **Aufgaben des Datenschutzes** (2.2) aufgeführt, die **Rechte des Betroffenen** (2.3) sowie die **Rechte der vertraulichen Stellen** (2.4) im Rahmen des BDSG erläutert. Weiterführend werden wesentliche **Grundprinzipien des Datenschutzes** beschrieben, die aus dem BDSG abgeleitet wurden.

In Kapitel 2.6 (**Kundendatenschutz**) wird aufgezeigt, wie bedeutend hier beispielhaft das BDSG bei der Nutzung und Speicherung der Daten ist. Zur Abrundung der Einführung in den Datenschutz werden weitere **Regularien des Datenschutzes** (2.7) aufgeführt und beschrieben. Das BDSG findet nicht in allen Bereichen Anwendung, z.B. wenn andere Gesetze dem entgegenstehen.

2.1   Wichtige Begrifflichkeiten

Um das Bundesdatenschutzgesetz richtig interpretieren zu können, ist es notwendig wichtige Begrifflichkeiten zu kennen. Dies ist notwendig, da in vielen Paragraphen des BDSG Begriffe verwendet werden, die ohne eine vorherige Definition bzw. Erläuterung zu einem Missverständnis des Paragraphen führen können.

Einer der Kernbegriffe des BDSG ist der Begriff **Betroffener**. Im Gesetz findet sich im 1. Absatz des Paragraphen 3 die Definition des Begriffs Betroffener und die Definition der personenbezogenen Daten. „Personenbezogene Daten sind Einzelangaben über persönliche oder sachliche Verhältnisse einer bestimmten oder bestimmbaren natürlichen Person (Betroffener)" (Bundesministerium der Justiz, 2009, S. 4). Demnach ist ein Betroffener nur eine natürliche Person, die bestimmbar ist. Dies hat zur Folge, dass juristische Personen wie z.b. Gesellschaften mit beschränkter Haftung oder auch Aktiengesellschaften nicht unter diesem Begriff laufen und somit eine andere Stellung innerhalb des Gesetzes haben. Daten, die keiner konkreten natürlichen Person zugeordnet werden können, die somit anonym sind, werden nicht über den § 3 BDSG geregelt. Personenbezogene Daten sind alle Einzelangaben zu einem Betroffenen (bzw. lt. Gesetz Betroffener), die persönliche oder auch sachliche Verhältnisse zu dieser Person wiedergeben.

Daneben gibt es noch besondere Arten von personenbezogenen Daten, welche im § 3 Absatz 9 im BDSG geregelt werden. Laut dem BDSG sind dies „[…] Angaben über die rassische und ethnische Herkunft, politische Meinungen, religiöse oder philosophische Überzeugung, Gewerkschaftszugehörigkeit, Gesundheit und Sexualleben" (Bundesministerium der Justiz, 2009, S. 4).

In § 3 des BDSG finden sich noch weitere Begriffsbestimmungen, wie z.b. die Definition von **erheben**. Im 3. Absatz heißt es: „Erheben ist das Beschaffen von Daten über den Betroffenen" (Bundesministerium der Justiz, 2009, S. 4). Der nachfolgende Absatz klärt den Begriff **verarbeiten** auf. Verarbeiten ist das Speichern, Verändern, Übermitteln, Sperren und Löschen personenbezogener Daten (vgl. (Bundesministerium der Justiz, 2009, S. 4)). Die Bedeutung des Wortes **nutzen** wird im Absatz 5 definiert. Demnach ist nutzen „jede Verwendung personenbezogener Daten, soweit es sich nicht um Verarbeitung handelt" (Bundesministerium der Justiz, 2009, S. 4).

Neben dem Betroffenen wird auch die verantwortliche Stelle im Gesetz näher definiert. Die Definition findet sich ebenfalls im § 3 Absatz 7 BDSG. Die „[verantwortliche] Stelle ist jede Person oder Stelle, die personenbezogene Daten für sich selbst erhebt, verarbeitet oder nutzt oder dies durch andere im Auftrag vornehmen lässt" (Bundesministerium der Justiz, 2009, S. 5).

Durch die heutigen Möglichkeiten der IT werden die Daten von Betroffenen nicht mehr manuell, sondern automatisiert erhoben. Deswegen enthält der § 3 im Absatz 2 des BDSG die Regelung für die automatisierte Verarbeitung. Die „automatisierte Verarbeitung ist die Erhebung, Verarbeitung und Nutzung personenbezogener Daten unter Einsatz von Datenverarbeitungsanlagen" (Bundesministerium der Justiz, 2009, S. 4). Des Weiteren wird beschrieben was eine nicht automatisierte Datei ist. Eine nicht automatisierte Datei ist eine nicht automatisierte Sammlung personenbezogener Daten (z.B. durch Karteien oder Formulare). (vgl. (Bundesministerium der Justiz, 2009, S. 4))

Nach Kenntnis dieser Begrifflichkeiten ist die Basis für das Verständnis der einzelnen Paragraphen gesetzt, um diese entsprechend anwenden zu können.

2.2   Aufgabe des Datenschutzes

Die grundsätzliche Aufgabe des Datenschutzes ist es, die Rechte des Einzelnen zu schützen. Dies ist auch im Gesetz im Paragraphen 1 Absatz 1 niedergeschrieben. „Zweck dieses Gesetzes ist es, den Einzelnen davor zu schützen, dass er durch den Umgang mit seinen personenbezogenen Daten in seinem Persönlichkeitsrecht beeinträchtig wird" (Bundesministerium der Justiz, 2009, S. 3).

Das aufgeführte Persönlichkeitsrecht ist abgeleitet aus dem Grundgesetz. Zum einen aus dem 1. Artikel des 1. Abschnittes: „Die Würde des Menschen ist unantastbar. Sie zu achten und zu schützen ist die Verpflichtung aller staatlichen Gewalt" (Bundesministerium der Justiz, 2010, S. 1). Darüber hinaus ist auch der 2. Artikel des 1. Abschnittes des Grundgesetzes relevant: „Jeder hat das Recht auf freie Entfaltung seiner Persönlichkeit, soweit er nicht die Rechte anderer verletzt und nicht gegen die verfassungsmäßige Ordnung oder das Sittengesetz verstößt" (Bundesministerium der Justiz, 2010, S. 2).

Neben dem Grundgesetz liefert auch das Volkszählungsurteil vom 15. Dezember 1983 eine weitere Basis für das BDSG, welches auf den Grundgesetzen aufbaut. „Das Grundrecht gewährleistet insoweit die Befugnis des Einzelnen, grundsätzlich selbst über die Preisgabe und Verwendung seiner persönlichen Daten zu bestimmen" (Bundesverfassungsgericht, 1983).

Aufgabe des Gesetzes ist es somit, dass jede Person sein Recht auf die informationelle Selbstbestimmung anwenden kann. Dadurch soll dem Einzelnen möglich sein, seine Privatsphäre zu schützen und zu erhalten. Hiermit soll verhindert werden, dass öffentliche sowie nicht öffentliche Stellen willkürlich Daten über Personen (personenbezogene Daten) erheben, verarbeiten, nutzen bzw. übermitteln können, ohne dass die betroffene Person davon Kenntnis nimmt.

Ziel des Bundesdatenschutzgesetzes ist es, den Menschen vor der Gefährdung durch negative Folgen einer Datenverarbeitung zu schützen.

2.3 Rechte des Betroffenen

Im Rahmen des BDSG werden die Rechte des Betroffenen geregelt, die es dem Betroffenen ermöglichen, seine Privatsphäre zu schützen. Im Paragraphen 6 im 1. Absatz aus dem BDSG wird geregelt: „Die Rechte des Betroffenen [...] können nicht durch Rechtsgeschäft ausgeschlossen oder beschränkt werden" (Bundesministerium der Justiz, 2009, S. 11). Das bedeutet, dass beispielsweise AGB-Bestimmungen, die die Rechte des Betroffenen einschränken, nichtig sind. Unter den eben aufgeführten Rechten im Gesetz werden folgende Aspekte bzw. Rechte behandelt, nämlich das Recht auf Auskunft, Berichtigung, Löschung oder Sperrung. Im Gesetz selbst werden hier mehrere Paragraphen genannt, was an der bereits erwähnten Trennung zwischen öffentlichen und nicht öffentlichen Stellen liegt. Die weitere Ausarbeitung dieses Kapitels bezieht sich nur noch auf den Bereich der nicht öffentlichen Stellen.

Eines der Rechte des Betroffenen ist das Recht auf Benachrichtigung. Dies wird im Paragraphen 33 des BDSG beschrieben. „Werden erstmals personenbezogene Daten für eigene Zwecke ohne Kenntnis des Betroffenen gespeichert, ist der Betroffene von der Speicherung, der Art der Daten, der Zweckbestimmung der Erhebung, Verarbeitung oder Nutzung und der Identität der verantwortlichen Stelle zu benachrichtigen" (Bundesministerium der Justiz, 2009, S. 31). Dies bedeutet, dass eine nicht öffentliche Stelle bei der ersten Speicherung von personenbezogenen Daten der betroffenen Person Auskunft darüber geben muss. Hierzu ist es erforderlich, den Zweck der Erhebung, Verarbeitung oder Nutzung der Daten, die gespeichert wurden, in ihrer Art und Weise zu benennen. Daneben soll der natürlichen Person die Identität der verantwortlichen Stelle mitgeteilt werden.

§ 34 im 1. Absatz regelt die Auskunftspflicht der verantwortlichen Stelle gegenüber dem Betroffenen. Dies bedeutet, dass der Betroffene durch diesen Paragraphen das Recht auf Auskunft über seine gespeicherten personenbezogenen Daten erhält. Daneben kann er auch den Zweck der Speicherung, die Herkunft der Daten sowie die Empfänger bei einer möglichen Weitergabe der Daten in Erfahrung bringen. Allerdings gibt es hier die Einschränkung, dass der Betroffene selbst aktiv werden muss, um diese Informationen zu erhalten. Zusätzlich dazu muss er die personenbezogenen Daten, über die er Auskunft erhalten möchte, näher bezeichnen. (vgl. (Bundesministerium der Justiz, 2009, S. 32))

Der Betroffene selbst hat das Recht auf Berichtigung, Löschung und Sperrung von Daten, was in Paragraph 35 geregelt ist. Im 1. Absatz wird die Berichtigung geregelt: „Personenbezogene Daten sind zu berichtigen, wenn sie unrichtig sind" (Bundesministerium der Justiz, 2009, S. 34).

Absatz 2 regelt das Recht zur Löschung der personenbezogenen Daten. Die Daten sind zu löschen, wenn die Speicherung unzulässig ist, es sich um besondere personenbezogene Daten handelt (nach § 3 Abs. 9 BDSG), wenn der Zweck der Speicherung der Daten nicht mehr besteht bzw. die Erfüllung des Zweckes erfolgt ist, nach einer bestimmten Verwahrdauer und wenn der Betroffene die Löschung der Daten unter bestimmten Vorrausetzungen verlangt. Nach Absatz 3 des § 35 BDSG dürfen die Daten nicht gelöscht werden, wenn eine Sperrung der Daten dem entgegensteht (vgl. (Bundesministerium der Justiz, 2009, S. 34)). Dies ist beispielsweise der Fall wenn gesetzliche oder vertragliche Aufbewahrungsfristen dem entgegenstehen. Wenn ein Grund zu der Annahme besteht, dass das schutzwürdige Interesse des Betroffenen beeinträchtigt werden würde oder die Löschung aufgrund einer besonderen Art der Speicherung nur mit einem unverhältnismäßigen Aufwand möglich ist, tritt ebenfalls hier die Sperrung ein.

Eine Löschung ist die tatsächliche Unkenntlichmachung, durch die auch nachträglich keine Wiederherstellung möglich ist. (vgl. (Witt, 2010, S. 92))

2.4   Rechte der vertraulichen Stelle

Neben den Rechten des Betroffenen gibt es auch Rechte der vertraulichen Stellen. Vertrauliche Stellen sind z.B. Gesundheitsbehörden, Sozialbehörden, Meldeämter und die Polizei (dies stellt nur einen Auszug der tatsächlich vorhandenen Stellen dar).

In den Fällen, in denen eine vertrauliche Stelle involviert ist, greifen bereichsspezifische Regelungen, welche anstelle des BDSG gelten. Der Grundsatz der informationellen Selbstbestimmung kann nur durch vertrauliche Stellen eingeschränkt werden. Dies erfolgt dann über die entsprechenden Gesetze der vertraulichen Stelle.

Grundsätzlich können Einschränkungen des BDSG nur vorgenommen werden, wenn dies ein anderes Gesetz regelt. Wie in der Einleitung kurz erwähnt, ist das BDSG nachrangig (d.h. andere Gesetze treten vor das BDSG).

Damit andere Gesetze die Regelungen des BDSG außer Kraft setzen können, müssen gewisse Voraussetzungen des anderen Gesetzes eingehalten werden. Für die Einschränkung muss ein überwiegendes Allgemeininteresse erforderlich sein. Aus dem Gesetz muss klar ersichtlich sein, welche Einschränkung und welchen Umfang dies haben wird. Zusätzlich dazu muss auch der Grundsatz der Verhältnismäßigkeit mit berücksichtigt werden. Dabei müssen die folgenden Punkte berücksichtigt werden: Es soll nur ein Minimum an Daten dafür verwendet werden und die verwendeten Daten dürfen nur für den aus dem Gesetz dafür vorgesehenen Zweck verwendet werden. Darüber hinaus muss der Gesetzgeber Vorkehrungen für das Verfahren, den Umgang und die Organisation der Daten treffen, wenn das BDSG durch ein anderes Gesetz beeinträchtigt wird.

Vertraulichen Stellen ist es somit möglich, entgegen den Richtlinien des BDSG Daten zu nutzen bzw. zu erheben, allerdings muss hierfür ein Gesetz den Einsatz regeln. Damit solche Gesetze angewandt werden dürfen, sind bestimmte Vorrausetzungen für das entsprechende Gesetz zu erfüllen. (vgl. (Bundesbeauftragte für den Datenschutz und die Informationsfreiheit, 2007, S. 13ff))

2.5 Grundprinzipien des Datenschutzes

Im Bundesdatenschutzgesetz sind verschiedene Grundprinzipien vorhanden, die den Einsatz des Gesetzes mitregeln. Im weiteren Verlauf dieses Kapitels wird das Prinzip der Zweckbindung, das der Datensparsamkeit sowie das der Einwilligung bzw. dem Erlaubnisvorbehalt näher beschrieben.

Unter dem Prinzip der Zweckbindung versteht man, dass bereits bei der Erhebung der geplante Zweck für die Nutzung der Daten dem Betroffenen mitzuteilen ist (vgl. (Baeriswyl, 1999)). Weiter dürfen die Daten nur zu diesem festgelegten Zweck bearbeitet werden, alle weiteren Verarbeitungsschritte unterliegen ebenfalls dieser Zweckbindung. Ausnahmen der Zweckbindung bestehen dann, wenn der Betroffene zur Zweckänderung einwilligt oder dies zur Gefahrenabwehr bzw. Wahrung erheblicher Belange des Gemeinwohls dient. Der letzte Punkt der Gefahrenabwehr usw. kann jedoch nur im Rahmen einer vertraulichen Stelle angewandt werden, da ein Privatunternehmen kaum zur Wahrung der Belange des Gemeinwohls mitwirken wird. In bestimmten Fällen liegt keine Zweckänderung bei der Nutzung von Daten vor. Dies ist z.B. im Rahmen einer Rechnungsprüfung der Fall, jedoch regelt hier ein anderes Gesetz (HGB) den Einsatz dazu.

Das nächste Grundprinzip ist das Prinzip der Datensparsamkeit, welches im § 3a BDSG geregelt wird. In diesem Paragraphen werden alle Phasen der datenschutzbezogenen automatisierten Verarbeitung im Gesetz einbezogen. Ziel ist es, möglichst wenig personenbezogene Daten zu erheben bzw. zu verarbeiten oder zu nutzen. Laut dem 2. Satz des § 3a BDSG sind „insbesondere [..] personenbezogene Daten zu anonymisieren oder zu pseudonymisieren, soweit dies nach dem Verwendungszweck möglich ist [...]" (Bundesministerium der Justiz, 2009, S.

4). Dieser Paragraph gibt das Prinzip der Datenvermeidung und Datensparsamkeit wieder und ist Basis dieses Grundprinzips. (vgl. (Bundesministerium der Justiz, 2009, S. 5))

Das letzte hier vorgestellte Grundprinzip ist das Prinzip der Einwilligung bzw. des Erlaubnisvorbehalts. Wie bereits im ersten Prinzip erläutert, ist eine Zweckänderung möglich, wenn hierzu der Betroffene einwilligt. Damit die Einwilligung nicht zum Nachteil des Betroffenen werden kann, hat hierzu der Gesetzgeber eine klare Richtlinie mit dem § 4a BDSG geschaffen. Der erste Satz des ersten Absatzes des § 4a sagt aus, dass „die Einwilligung [..] nur wirksam [ist], wenn sie auf der freien Entscheidung des Betroffenen beruht" (Bundesministerium der Justiz, 2009, S. 6). Mit anderen Worten ausgedrückt besagt dies, dass eine gültige bzw. wirksame Einwilligung nur dann stattgefunden hat, wenn der Betroffene nicht unter Druck gesetzt worden ist und aus seinem freien Willen der Verwendung zustimmt. Absatz 1 regelt weiter, dass bei der Einwilligung bereits auf den geplanten Zweck der Verarbeitung, Nutzung und Erhebung hinzuweisen ist. Daneben soll der Betroffene in Einzelfällen auf sein Recht zur Verweigerung der Einwilligung hingewiesen werden. Generell bedarf die Einwilligung der Schriftform, außer es würden besondere Umstände eintreten, bei denen eine andere Form angemessen ist, dem entgegenstehen. Ein Umstand zur Änderung der Form ist z.B. der Vertragsabschluss im Internet, in dem die AGBs mittels Haken oder ähnlicher Lösungen bestätigt werden. Für den Fall, dass die Einwilligung mit anderen Erklärungen schriftlich erteilt wird, ist die Einwilligung besonders hervorzuheben. (vgl. (Witt, 2010, S. 86ff))

Die eben dargestellten Prinzipien stellen eine wichtige Basis für das Bundesdatenschutzgesetz dar.

2.6 Kundendatenschutz

Im Bereich der Kundendatenverwaltung von Firmen liegen die umfangreichsten Datenbestände vor. Hier besteht das Problem der Trennung von natürlichen Personen (Menschen) und juristischen Personen (wie z.B. GmbH und AG). Hier empfiehlt Bernhard C. Witt, eine 5% Regel anzuwenden. Diese Regel besagt, dass wenn mehr als 5% des Datenbestandes natürliche Personen sind, das BDSG im strengsten Sinne anzuwenden ist. Besteht der Bestand fast nur aus juristischen Personen und liegt der Anteil der natürlichen Personen unter 5%, so kann das BDSG gemildert angewandt werden, da für juristische Personen der Datenschutz nach dem BDSG nicht so vorgesehen ist. (vgl. (Witt, 2010, S. 172))

Grundsätze des Kundendatenschutzes sind die Berücksichtigung der Herkunft (natürliche oder juristische Person), die Transparenz gegenüber den Kunden und zuletzt das Widerspruchsrecht, wenn Kunden bewertet werden.

Im Rahmen der Kundendatenverwaltung kann es auch zu einer Kundendatenanalyse kommen. Dies geschieht meist mittels Reporting-Funktionen aus ERP-/CRM-Systemen in Verbindung mit Business Intelligence. Darüber hinaus werden Data Warehouses eingesetzt, in denen Datensätze aggregiert und vom Personenbezug befreit werden können. Mittels Data Mining-Verfahren können Querbeziehungen analysiert werden, was jedoch im Rahmen des Datenschutzes nicht immer vereinbar ist. (vgl. (Witt, 2010, S. 171ff))

2.7 Regularien des Datenschutzes

Das Bundesdatenschutzgesetz ist nachrangig, was im § 1 im 3. Absatz des BDSG niedergeschrieben wurde. „Soweit andere Rechtsvorschriften des Bundes auf personenbezogene Daten einschließlich deren Veröffentlichung anzuwenden sind, gehen sie den Vorschriften dieses Gesetzes vor" (Bundesministerium der Justiz, 2009, S. 3). Dies bedeutet, dass wenn andere Rechtsvorschriften anzuwenden sind, diese Regelungen anstelle des BDSG gelten. Mögliche Gesetze mit dieser Besonderheit sind z.B. das HGB, das Sozialgesetzbuch, das Bundesverfassungsschutzgesetz und das Bundespolizeigesetz (hierbei handelt es sich jedoch nur um einen Auszug möglicher Gesetze). Jedoch bleibt die Wahrung gesetzlicher Geheimhaltungspflichten davon unberührt.

In Deutschland haben Kirchen und kirchliche Einrichtungen eine Sonderstellung. Die Sonderstellung beruht auf die verfassungsrechtlich garantierte Selbstbestimmung von Religionsgemeinschaften. Dies hat zur Folge, dass das BDSG hier nicht zur Geltung kommt. Dafür verwenden diese Einrichtungen eigene Datenschutzvorschriften, die dem BDSG ähnlich sind. Eine weitere Sonderstellung haben Rundfunkanstalten, denen eine verfassungsrechtlich garantierte Rundfunkfreiheit gewährt wurde. Hier gilt das BDSG nur eingeschränkt. In den Fällen, in denen das BDSG nicht gilt, treten an deren Stelle rundfunkspezifische Datenschutzvorschriften. (vgl. (Bundesbeauftragte für den Datenschutz und die Informationsfreiheit, 2007, S. 18ff))

Wichtig ist hier der Aspekt, dass das BDSG nachrangig ist und somit andere Gesetze vorranging in Bezug auf Datenschutz im Rahmen des BDSG anzuwenden sind. Jedoch sind hierbei bestimmte Voraussetzungen zu erfüllen.

3 Fazit

Im Rahmen des Data Minings sind bestimmte gesetzliche Regelungen wie z.B. das BDSG zu beachten. Das BDSG regelt dabei den Umgang mit personenbezogenen Daten beim Einsatz von Data Mining Verfahren.

Neben dem Data Mining Verfahren spielt das BDSG ebenfalls eine Rolle bei der Datenerhebung, sowie der Speicherung der Daten in Datenbanken z.B. in einem Datawarehouse. Generell bleibt festzuhalten, dass es neben dem BDSG auch andere Gesetze gibt, die die Verwendung von personenbezogenen Daten regelt, da das BDSG nachranging ist.

Die Arbeit dient als Einführung in den Datenschutz, um die wichtigsten Begrifflichkeiten des Gesetzes, sowie deren Aufgabe zu beschreiben. Weiter werden die wichtigsten Rechte der Betroffenen sowie die Aufgabe des Datenschutzes und dem Grundprinzip des Datenschutzes kurz erläutert.

Es handelt sich bei dieser Ausarbeitung nicht um eine vollständige Beschreibung des BDSG und deren Paragraphen, sondern es dient lediglich zur Einführung in die Thematik.

Literaturverzeichnis

Baeriswyl, B. (1999). *Datenschuztbeauftragter Kanton Zürich.* Abgerufen am 16. November
2010 von
http://www.datenschutz.ch/fileadmin/user_upload/datenschutz/04_Publikationen/Data_M
ining_und_Data_Warehousing.PDF

Bundesbeauftragte für den Datenschutz und die Informationsfreiheit. (September 2007). *Sachen
Anhalt.* Abgerufen am 26. 11 2010 von http://www.sachsen-
anhalt.de/LPSA/fileadmin/Elementbibliothek/Bibliothek_Politik_und_Verwaltung/Biblio
thek_LFD/PDF/binary/Service/infomaterialien/bfd-info-1.pdf

Bundesministerium der Justiz. (2009). *Bundesdatenschutzgesetz.* Abgerufen am 21. November
2010 von http://www.gesetze-im-internet.de/bundesrecht/bdsg_1990/gesamt.pdf

Bundesministerium der Justiz. (2010). *Grundgesetz für die Bundesrepublik Deutschland.*
Abgerufen am 20. November 2010 von http://www.gesetze-im-
internet.de/bundesrecht/gg/gesamt.pdf

Bundesverfassungsgericht. (1983). *Eingriffe in das Recht auf informationelle Selbstbestimmung
nur auf der Grundlage eines Gesetzes, das auch dem Datenschutz Rechnung trägt .*
Abgerufen am 2011. November 2010 von
http://www.bfdi.bund.de/cln_134/DE/GesetzeUndRechtsprechung/Rechtsprechung/BDS
GDatenschutzAllgemein/Artikel/151283_VolkszaehlungsUrteil.html;jsessionid=349AD2
A0DE31516810D4671F179460E0?nn=419502

Schulz, G., Waldenspuhl, A., & Hermerschmidt, S. (August 2002). *Die Landesbeauftragte für
den Datenschutz und für das Recht auf Dateneinsicht Brandenburg.* Abgerufen am 16.
November 2010 von
http://www.lda.brandenburg.de/sixcms/detail.php?gsid=5lbm1.c.86226.de&template=allg
emein_lda

Witt, B. C. (2010). *Datenschutz kompakt und verständlich - Eine praxisorientierte Einführung.*
Wiesbaden: Vieweg.

BEI GRIN MACHT SICH IHR WISSEN BEZAHLT

- Wir veröffentlichen Ihre Hausarbeit, Bachelor- und Masterarbeit

- Ihr eigenes eBook und Buch - weltweit in allen wichtigen Shops

- Verdienen Sie an jedem Verkauf

Jetzt bei www.GRIN.com hochladen und kostenlos publizieren